LAMARTINE

SA VIE ET SES OUVRAGES

. . . .
Bientôt peut-être... — Ecarte, ô mon Dieu, ce présage !
Bientôt un étranger, inconnu du village,
Viendra, l'or à la main, s'emparer de ces lieux
Qu'habite encor pour nous l'ombre de nos aïeux.
Ne permets pas, Seigneur, ce deuil et cet outrage !
Ne souffre pas, mon Dieu, que notre humble héritage
Passe de mains en mains troqué contre un vil prix,
Comme le toit du vice ou le champ des proscrits !
Qu'un avide étranger vienne, d'un pied superbe,
Fouler l'humble sillon de nos berceaux sur l'herbe,
Dépouiller l'orphelin, grossir, compter son or,
Aux lieux où l'indigence avait seule un trésor,
Et blasphémer ton nom sous ces mêmes portiques
Où ma mère à nos voix enseignait tes cantiques !
. . . .
Puissé-je, heureux vieillard, y voir baisser mes jours
Parmi ces monuments de mes simples amours !
Et quand ces toits bénis et ces tristes décombres
Ne seront plus pour moi peuplés que par des ombres,
Y retrouver au moins dans les noms, dans les lieux,
Tant d'êtres adorés disparus de mes yeux !

Milly, ou la Terre natale.

TROISIÈME ÉDITION.

PARIS

AZUR-DUTIL, ÉDITEUR,

131, RUE MONTMARTRE, 131.

1863

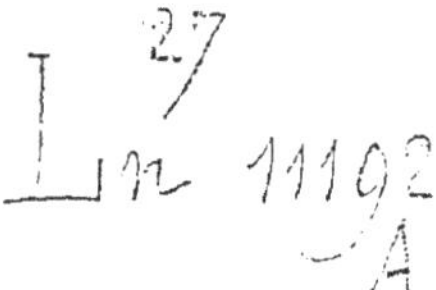

LAMARTINE

SA VIE ET SES OUVRAGES.

I.

Si vous jetez les yeux sur les dernières années du xviiie siècle en France, au milieu de cette phalange glorieuse d'orateurs fougueux et éloquents, de savants de premier ordre, d'intrépides soldats qui font cortége au siècle expirant, vous chercherez vainement de vrais poètes. Et pourtant, quelle époque fut jamais plus luxuriante de poésie! A l'intérieur, quelle inépuisable source de drames sanglants et échevelés! Un trône, le plus brillant du monde, qui disparaît comme frappé de la foudre; une nation entière soulevée, mugissante et terrible, qui fait table rase des institutions de dix siècles; l'ancien monde qui se débat dans les angoisses d'une convulsive agonie; et puis, à l'extérieur, que de grands poëmes épiques! Moreau, qui transforme en héros des paysans déguenillés; Pichegru, qui prend des flottes au pas de charge, et Bonaparte, qui recommence Annibal, moins Capoue!

Étourdie de ce fracas d'armes, de chevaux, de canons, de nations qui se ruent sur les nations, d'édifices qui croulent sous la sape des démolisseurs; enveloppée d'une vapeur de sang qui s'élève du sol et l'étouffe, la poésie est muette, parce qu'il faut à la poésie de l'air, du recueillement et du silence; parce que la poésie n'est pas le tocsin qui sonne pendant l'orage, mais bien plutôt la mouette aux cris plaintifs qui l'annonce, ou l'arc-en-ciel qui le suit.

Les nations étrangères elles-mêmes, comme frappées de stupeur, laissent inachevée la part de sillon qui leur est imposée dans le champ de l'intelligence, pour venir contempler d'un œil d'effroi ce torrent qui roule, entraînant dans ses ondes immenses tous les débris du passé. Alfiéri, ce vieux Romain de l'Italie dégénérée, fait bien encore entendre par intervalles sa voix forte; mais cette voix meurt isolée, sans écho. Walter Scott, enfant, joue insoucieux dans les bruyères de l'Écosse, et Byron, au berceau, tient un hochet de cette main qui écrira *Don Juan*. Au fond de la Saxe, dans un petit coin de l'Allemagne, les vieux chênes de Weimar protégent de leur ombre une nichée de poètes; mais le bruit des combats couvre leur mélodieux ramage, et l'Europe oublie Goëthe, Schiller, Wieland, pour suivre du regard Moreau et l'archiduc Charles qui se mesurent sur le Rhin; Bonaparte et Wurmser qui se disputent l'Italie.

La poésie est donc muette; mais elle n'est pas morte. Laissez passer l'orage, et vous allez entendre monter vers les cieux le plus beau chœur de voix harmonieuses qui ait jamais enchanté des oreilles humaines. Poésie de l'âme, poésie des sens, poésie de l'imagination, *René*, *Atala*, *les Martyrs*, *Corinne*, *Werther*, *Wallenstein*, *Oberon*, *Waverley*, *Child-Harold*, vous aurez tout cela; et puis enfin la poésie intime, la poésie du cœur, qui surgira, pâle et triste, mais belle comme une fleur née sur des ruines.

Au moment où l'infortuné Chénier laisse tomber sa lyre, grandit aux bords de la Saône un noble enfant aux cheveux blonds qui la ramassera, y joindra une corde chrétienne et en tirera des mélodies nouvelles; et le monde étonné, ravi, répétera avec amour le nom de Lamartine.

Alphonse DE LAMARTINE (1) est né à Mâcon le 21 octobre 1791. Son père, le chevalier de Lamartine, fils d'un capitaine en retraite qui avait épousé une riche héritière de Franche-Comté, entra au service. Il était capitaine dans un régiment de cavalerie lorsque la Révolution éclata. Il se maria en 1790 avec mademoiselle Alix des Roys, fille d'un intendant-général

(1) Le nom DE PRAT a été attribué à M. de Lamartine par quelques biographes. C'est une erreur. La famille dont M. de Lamartine est le dernier représentant n'a jamais eu d'autre nom que celui de Lamartine. C'était l'usage, dans les familles nobles, de donner aux puînés de la maison un nom de terre pour les distinguer du fils aîné, qui portait seul le nom de famille. C'est ainsi que le père de M. de Lamartine porta, pendant quelques années, le nom de chevalier de Lamartine de Prat. La terre de Prat et le château de ce nom existent en Franche-Comté, à quelques kilomètres de la ville de Saint-Claude. L'aïeul de M. de Lamartine possédait sept à huit terres dans cette province. Il fut le fondateur de la petite ville de Morez, aujourd'hui très-florissante.

des finances du duc d'Orléans et de la sous-gouvernante des
enfants du duc, et ne tarda pas à quitter le service. Rappelé
près de Louis XVI par le danger que courait ce prince, il com-
battit avec les Suisses au 10 août, et n'échappa à la mort que
par miracle. Il revint à Mâcon. Quelques mois plus tard, toute
la famille Lamartine était arrêtée et conduite à Autun. Seul,
le père du poète fut détenu à Mâcon, et sa mère resta libre.
Le chevalier de Lamartine, rendu à la liberté, le 9 thermi-
dor, alla vivre avec sa femme et son enfant dans le petit village de Milly, non loin du chef-lieu de Saône-et-Loire. Là,
s'écoulèrent les premières années du poète, années de libre et
heureuse enfance, où rien ne gêna le développement de son
génie : « Mon éducation, dit-il, était toute dans les yeux plus
ou moins sereins et dans le sourire plus ou moins ouvert de
ma mère. »

Heureux l'homme à qui Dieu donne une sainte mère!

Le souvenir de cette sérénité domestique de ses premiers
jours ne s'est jamais effacé de son âme ; et maintes fois, plus
tard, dans sa vie de voyageur, de poète, d'homme politique,
il s'est plu à évoquer les suaves images de cet humble castel
de Milly avec ses *sept tilleuls*, de son vieux père, de sa mère
au maintien grave et doux, de ses sœurs, *qu'allaita le même
sein de femme*; de ces grands arbres chargés d'ombre, de ces
champs, de ces montagnes, de ces vallées, muets témoins des
joies d'une enfance heureuse et libre !

« Ma mère, dit-il quelque part, avait reçu de sa mère, au
lit de mort, une belle bible de Royaumont, dans laquelle elle
m'apprenait à lire quand j'étais petit enfant. Cette bible avait
des gravures de sujets sacrés à toutes les pages. Quand j'avais
bien récité ma leçon et lu à peu près sans faute la demi-page
de *l'histoire-sainte*, ma mère découvrait la gravure, et tenant
le livre ouvert sur ses genoux, me la faisait contempler en
me l'expliquant, pour ma récompense... Le son argentin, af-
fectueux, solennel et passionné de sa voix, ajoutait à tout ce
qu'elle disait un accent de force, de charme et d'amour qui
retentit encore en ce moment dans mon oreille, hélas! après
six ans de silence!... » Voyez-vous d'ici ce bel enfant aux
grands yeux bleus qui sera Lamartine?

Parmi les livres, peu nombreux, qu'offrait une petite bibliothèque de campagne, madame de Genlis, Berquin, le *Télémaque*, Bernardin de Saint-Pierre et surtout la *Jérusalem dé i-vrée* traduite par Lebrun, furent — avec la Bible — les premiers maîtres qui éveillèrent sa pensée et lui ouvrirent « le monde de l'émotion, de l'amour et de la rêverie. » Lorsqu'il entra dans sa douzième année, sa mère, comprenant que cette éducation du foyer domestique ne suffisait pas, l'envoya apprendre un peu de latin chez le vicaire d'une paroisse voisine. Ce vicaire, l'abbé Dumont, grand chasseur, fort peu ecclésiastique, et dont la vie aventureuse fournit plus tard au poète le sujet de son *Jocelyn*, était un assez mauvais maître de grammaire, et l'oncle de Lamartine, voyant que l'enfant faisait peu de progrès, exigea qu'il fût envoyé au collége de Lyon, vers 1805. Mais la vie bruyante du collége lui devint insupportable, ses parents l'en retirèrent et le mirent chez les Jésuites de Belley. Là, il ne fit point de fortes études ; mais il trouva dans ses maîtres des guides instruits et indulgents, auxquels il disait en les quittant :

Aimables sectateurs d'une aimable sagesse,
Bientôt je ne vous verrai plus.

Enfin, « *après l'année qu'on appelle de philosophie, année pendant laquelle on torture par des sophismes stupides et barbares le bon sens naturel de la jeunesse,* » il quitta le collége et revint à Milly, vers la fin de l'été 1809. Dans cet automne il reprit avec délices la vie champêtre de son enfance, et se plongea dans des lectures qui ne lui avaient pas été possibles à Belley. Il lut, non les anciens qui lui rappelaient l'école ; mais les poètes modernes, « qui pensent, qui sentent, qui aiment, qui chantent, comme nous pensons, comme nous chantons, comme nous aimons, nous hommes des jours nouveaux : Le Tasse, Dante, Pétrarque, Shakspeare, Milton, Châteaubriand, et Ossian surtout, ce poète du vague... ce Dante septentrional aussi grand, aussi majestueux, aussi surnaturel que le Dante de Florence... » Dans cette période ossianique, le poète adolescent éprouva pour une jeune fille, sa voisine de campagne, un sentiment qu'il a fort agréablement raconté dans ses premières *Confidences*. Ses parents l'envoyèrent à Paris se distraire, par l'étude, d'une passion qui « fondit avec les neiges de l'hiver. » Un peu plus tard « un rayon de la poésie du Midi fit évanouir pour lui toute cette brume fantastique du Nord. » Dans son premier séjour à Paris, dit M. Sainte-Beuve, il se livrait un peu, loin des regards maternels, aux incitations de la vie, partageant ses heures entre l'étude et les distractions de son âge, s'en allant s'ébattre avec Jussieu dans le bois de Vincennes, et tailler en sifflet l'écorce des chênes, rêvant déjà la gloire littéraire, la gloire dramatique surtout, et bien accueilli de Talma, qui se plaisait à l'entendre réciter de sa voix vibrante et mélancolique, les fragments inédits d'une tragédie de Saül. Auparavant, en 1811, il avait accompagné en Toscane une de ses parentes, puis seul et presque sans argent continué son voyage d'Italie.

Il passa à Rome l'hiver de 1811-1812, chez un vieux peintre ne voyant personne et plongé dans une vie d'étude et de contemplation. Au printemps il se rendit à Naples, où un parent de sa mère lui donna l'hospitalité. Là, que de rêveries sur les rivages d'Ischia, de Procida, chez le pêcheur de la Margellina! La baie de Naples fut après Milly la patrie de son imagination et de son cœur. Ceux qui ont lu l'épisode de Graziella savent quels furent,

> Sur la plage sonore où la mer de Sorente
> Déroule ses flots bleus au pied de l'oranger,

les enchantements et les émotions de son âme et quelle impression ineffaçable il en rapporta.

Il trouvait, à son retour, le régime impérial sur son déclin, et bientôt il assista à sa chute. Royaliste par tradition de famille, il entra dons les gardes du corps en 1814, et quand le retour de l'île d'Elbe força Louis XVIII à quitter la France, il suivit la famille royale jusqu'à la frontière. Sa compagnie fut licenciée à Béthune, et il se retira en Suisse, pour rentrer dans les gardes du corps à la seconde Restauration; mais l'existence oisive et dissipée d'une garnison le fatigua, et vers l'été de 1816, il quitta Paris et alla rafraîchir son âme dans les vallées de la Savoie. Il y connut le comte de Maistre qui exerça une grande influence sur son esprit, et donna à ses pensées une tournure plus spiritualiste. Le même voyage lui fit rencontrer une nouvelle source d'inspirations. Aux bains d'Aix, dans l'automne de 1816, commença cette liaison que le poète a si souvent célébrée en prose et en vers. L'Elvire des *Méditations*, la *Julie* du roman de *Raphaël*, était, si l'on s'en rapporte aux indications de ce récit, une créole de Saint-Domingue, orpheline élevée à la Légion-d'Honneur, mariée à dix-sept ans à un vieillard, savant illustre, qui ne voulait être pour elle qu'un père. Le désir de revoir cette personne ramena le poète à Paris dans l'hiver de 1817. Là, il rencontra, dans le salon de madame ***, des académiciens et des hommes d'Etat, Suard, Bonald, Monnier, Lally-Tollendal. Il s'ouvrit l'accès de salons plus brillants, fut admis chez madame de Saint-Aulaire, chez madame de la Trémouille, chez madame de Broglie. « ... Madame de Sainte-Aulaire et son amie, madame la duchesse de Broglie, dit M. de Lamartine, étaient à cette époque le centre du monde élégant, poétique et littéraire de Paris... Deux ou trois fois on me fit réciter des vers. On les applaudit, on les encouragea. Mon nom commença sa publicité sur les lèvres de ces deux charmantes femmes. » Encouragé par l'approbation d'un public aussi distingué et pressé par la gêne de sa famille de chercher des ressources dans son talent, il se hasarda de proposer à un éditeur un recueil de ses poésies. L'éditeur lui conseilla d'étudier les modèles classiques! Dans l'automne de 1817, l'auteur revit la vallée d'Aix et le lac du Bourget. C'est là qu'il entra pour la première fois en pleine possession de son génie par son immortelle élégie du *Lac*. La mort de madame ***, une grave maladie du poète, ses rapports avec le plus grand monde pieux de la Restauration, donnèrent à ses idées une nuance sombre et une nuance religieuse plus prononcée.

C'était en 1820. Un jeune homme à peine rétabli d'une cruelle maladie, le visage pâli par la souffrance, et couvert d'un voile de tristesse sur lequel on pouvait lire la perte récente d'un être adoré, s'en allait colportant timidement de libraire en libraire un pauvre petit cahier de vers trempé de larmes. Partout on éconduisait poliment la poésie et le poète. Enfin, un marchand de livres, mieux avisé, ou séduit peut-être par la grâce infinie du jeune homme, se décida à accepter le manuscrit tant rebuté. Le bienheureux libraire s'appelait Nicolle. Merci à vous, monsieur Nicolle! La postérité vous doit un souvenir. Qui sait? Sans vous, peut-être le poète découragé eût livré aux flammes son précieux trésor, et le monde eût perdu Lamartine.

J'ai dans la main, et je le feuillette avec émotion, ce tout petit in-18, publié en mars 1820, jeté sans nom, sans appui sur cette mer orageuse qui alors comme aujourd'hui engloutissait tant de volumes. Pas de nom, pas de préface, pas d'idylle, pas la moindre bucolique, rien de belliqueux, ni de ronflant : *Méditations poétiques* tout court! Tout a été dit sur cette première œuvre ; tout le monde sait par cœur *l'Ode à Byron, le Soir, le Lac, l'Isolement.* Le succès fut immense. En quatre ans, quarante-cinq mille exemplaires se répandirent dans le monde. Le ministre de l'intérieur, Siméon, adressa à l'auteur, par l'ordre de Louis XVIII, la lettre suivante : « Monsieur, le talent très-remarquable et très-rare que vous venez d'annoncer dans vos *Méditations poétiques*, est digne de tous les encouragements. J'ai donné ordre que la collection des chefs-d'œuvre de langue française par Didot, et celle des auteurs latins, par Lemaire, vous fussent envoyées... »

Peu de jours après, il fut nommé secrétaire d'ambassade à Naples. En se rendant à son poste, il épousa à Genève mademoiselle Elisa Marianne Birch, jeune et belle Anglaise, d'une riche famille. Il l'avait rencontrée, l'année précédente, dans la Savoie.

M. de Lamartine passa les années suivantes soit à Naples, sur les délicieux rivages qui avaient vu le premier épanouissement de son génie, soit à Rome, soit à Paris. Ces années de vie facile et brillante, de plénitude et d'éclat, trouvèrent leur expression dans les nouvelles *Méditations*, publiées en 1823. Ce volume, qui n'avait pas, comme les premières *Méditations*, le charme de la nouveauté, obtint moins de succès, quoiqu'il en méritât davantage. Aucun des recueils de M. de Lamartine ne contient autant de ces pièces achevées qui se gravent dans la mémoire et qui portent dans l'avenir non-seulement le nom, mais les œuvres d'un poète. L'*Ode sur Bonaparte* est une méditation politique élevée, puissante et quelquefois sublime. Qui ne se rappelle ces beaux vers :

> Il est là... Sous trois pas un enfant le mesure!
> Son ombre ne rend pas même un léger murmure;
> Le pied d'un ennemi foule en paix son cercueil.
> Sur ce front foudroyant un moucheron bourdonne,
> Et son ombre n'entend que le bruit monotone
> D'une vague contre un écueil.

La pièce des *Étoiles* est le chef-d'œuvre de la contemplation poétique. Le *Passé, Sagesse*, le *Chant d'amour*, les *Préludes*, le *Poète mourant*, le *Crucifix*, sont dans toutes les mé-

moires. Avant les *Nouvelles Méditations*, l'auteur avait publié
la *Mort de Socrate*, imitation du *Phédon*, pleine d'ampleur,
de grâce et de négligence. En 1824, il fut nommé secrétaire
de légation à Florence, sous le marquis de La Maisonfort,
qu'il remplaça en 1826. En 1825, parut *le Dernier Chant de
Child-Harold*. Ce poëme contient une allocution de Byron à
l'Italie, allocution très-sévère, qui se termine ainsi :

> Je vais chercher ailleurs, pardonne, ombre romaine !
> Des hommes et non pas de la poussière humaine.

Cette tirade éveilla la susceptibilité du colonel Pepe, banni
de Naples à la suite de la tentative révolutionnaire de 1821,
et réfugié à Florence. Le colonel y répondit dans une brochure
injurieuse pour la France et M. de Lamartine. Une rencontre
eut lieu entre le poète français et le patriote italien : Lamartine fut blessé légèrement au poignet, et une franche réconciliation réunit deux adversaires faits pour s'estimer et s'aimer.

M. de Lamartine resta cinq ans à Florence. Ses fonctions
de chargé d'affaires ne lui firent pas oublier les lettres. Mais
il s'habitua de plus en plus à ne voir dans la poésie qu'une
effusion spontanée de ses sentiments et de ses idées. « *Je
chantais*, a-t-il dit,

> . . . . . Comme l'homme respire,
> Comme l'oiseau gémit, comme le vent soupire,
> Comme l'eau murmure en coulant.

Lorsque le ministère de Polignac se forma (août 1829),
M. de Lamartine fut appelé à Paris, et le prince de Polignac
lui offrit le poste de secrétaire-général des affaires étrangères.
Mais le poète refusa de s'associer aussi étroitement à une politique dont il prévoyait les funestes conséquences. Il accepta
seulement la place de ministre plénipotentiaire auprès du
prince Léopold de Saxe-Cobourg, qui venait d'être nommé roi
des Grecs. Avant son départ, il publia les *Harmonies poétiques
et religieuses*, dont le seul défaut est une certaine diffusion.

Un peu avant la publication des *Harmonies*, l'Académie
Française admit dans son sein M. de Lamartine. Cuvier, qui
le reçut (1er avril 1830), exprima fort heureusement l'effet produit par les *Méditations :* « Lorsque, dit-il, dans un de ces
instants de tristesse et de découragement qui s'emparent quelquefois des âmes les plus fortes, un promeneur solitaire
entend par hasard résonner de loin une voix dont les chants

doux et mélodieux expriment des sentiments qui répondent aux siens, il est comme saisi d'une sympathie bienfaisante ; il sent vibrer de nouveau les fibres que l'abattement avait détendues ; et, si cette voix y mêle par degrés de l'espoir et des consolations, la vie renaît en quelque sorte en lui ; déjà il s'attache à l'ami inconnu qui la lui rend ; déjà il voudrait le serrer dans ses bras, l'entretenir avec effusion de tout ce qu'il lui doit. » Il lui reprocha doucement de négliger « pour des occupations d'un intérêt plus immédiat ces devoirs d'un ordre tout autrement relevé, et dont les poètes doivent compte à l'humanité entière. » Les circonstances, d'accord avec les conseils de Cuvier, semblaient le détourner de la politique. Le prince Léopold n'accepta pas la couronne de Grèce, et la mission de M. de Lamartine ne reçut point d'exécution. Il voyageait en Suisse lorsqu'éclata la révolution de Juillet. Attaché de cœur à la dynastie tombée, il ne voulut pas servir la nouvelle monarchie, et renonça à la carrière diplomatique. Mais opposé à toute faction, il se tint à l'écart du parti légitimiste, dont il ne partageait ni les espérances, ni les antipathies.

II

Arrêtons-nous un instant. La révolution de Juillet, qui semble partager en deux la vie de M. de Lamartine, est aussi le point de départ d'une transformation de son génie, d'un acheminement à de nouvelles destinées, à de nouvelles préoccupations. Le poète a donné son dernier souffle—souffle puissant et sublime — dans les *Harmonies* que M. Sainte-Beuve regarde comme son chef-d'œuvre ; c'est désormais le tour du prosateur, de l'homme politique et de l'orateur. On me trouvera peut-être bien sévère pour ses dernières inspirations ; on me dira que si la *Chute d'un ange*, les *Recueillements*, sont peu dignes de leurs aînés, il y a de bien beaux fragments dans *Jocelyn*. Mais il n'en est pas moins vrai que le poète a réellement et explicitement abdiqué : Ne s'écrie-t-il pas dans ses *Adieux à la poésie* :

> L'oiseau qui charme le bocage,
> Hélas ! ne chante pas toujours.
> A midi caché sous l'ombrage,
> Il n'enchante de son ramage
> Que l'aube et le déclin du jour,

Et dans l'admirable préface des *Recueillements*, sur laquelle je reviendrai, ne dit-il pas, faisant assez bon marché de sa gloire poétique :

« Ma vie de poète n'a jamais été qu'un douzième tout au plus de ma vie réelle. Le *bon public* croit que j'ai passé trente ans de ma vie à aligner des rimes et à contempler les étoiles ; je n'y ai pas employé trente mois et la poésie n'a été pour moi que ce qu'est la prière, le plus beau et le plus intense des actes de le pensée, mais le plus court, et celui qui dérobe le moins de temps au travail du jour. La poésie est le chant intérieur. Que penseriez-vous d'un homme qui chanterait du matin au soir ? »

Il y a aussi une autre raison à ce divorce avec la muse, raison un peu vulgaire peut-être, mais qui n'en est que plus impérieuse. Le jeune auteur des *Méditations* était pauvre, aussi pauvre que le *savetier* de la fable, bien que ses chants fussent plus tristes. En 1830, M. de Lamartine n'était pas seulement accadémicien, chevalier de la Légion- d'Honneur — depuis 1825, — diplomate, il était malheureusement aussi devenu millionnaire, riche propriétaire — la pire de toutes les conditions pour le génie poétique, qui vit surtout de misères, d'adversités, de luttes, de tristesses. Du jour où l'héritage d'un vieil oncle, joint à l'énorme dot de sa femme lui avait apporté les *cent écus* du *financier* de Lafontaine, du jour où l'opulence avec ses soucis, ses tracas, ses préoccupations vulgaires, ses fermages à recouvrer, ses terres à visiter, ses bois à mettre en coupe, était entrée dans sa maison, l'inspiration avait fui à tire d'ailes. Que cette fortune fût venue dix ans plus tôt et nous perdions un grand poète, et la France n'eût point entendu ces chants plaintifs, ces cris de tristesse ou de désespoir qui vibrent encore à nos oreilles :

> Mon cœur lassé de tout, même de l'espérance...
>
> Quel crime avons-nous fait pour mériter de naître ?
>
> L'homme est un Dieu tombé qui se souvient des cieux.
>
> O lac ! l'année à peine a fini sa carrière
> Et près des flots chéris qu'elle devait revoir,
> Regarde ! Je viens seul m'asseoir sur cette pierre
> Où tu la vis s'asseoir !
>
> Plus nous ouvrons les yeux, plus la nuit est profonde,
> Dieu n'est qu'un mot rêvé pour expliquer le monde.

La misère, qui a éteint tant de génies que la terre n'a point connus et ne connaîtra jamais, la misère est moins fatale encore aux poètes que l'opulence. Qu'on m'en cite un seul qui fût riche propriétaire, millionnaire, heureux, maire de sa commune? Est-ce Homère, le vagabond qui de nos jours passerait en police correctionnelle, sous prévention de mendicité? Virgile, dépouillé de son patrimoine? Dante, proscrit? Camoens et Le Tasse, mourant à l'hôpital? Milton, aveugle? Molière, le cabotin? Corneille, qui portait lui-même chez le savetier du coin ses souliers éculés? Byron, honni par ses concitoyens, moralement proscrit?

Voilà surtout pourquoi du grand poète de 1820 il ne restait plus en 1830 qu'un brillant versificateur. Il va nous naître, en revanche, un grand orateur et un grand écrivain.

Le gouvernement de Juillet voulut en vain conserver à M. de Lamartine cette noble ambassade de la Grèce, à laquelle il était nommé : non pas même pour revoir cette belle terre qui fut le tombeau de Byron, M. de Lamartine ne voulut consentir à passer ainsi du vaincu au vainqueur, il redevint tout simplement un poète. Voici ce qu'il disait à ce sujet dans la séance de la chambre des Députés du 25 mars 1840 : « Lorsque la « royauté de juillet a été personnifiée dans une autre famille, « famille avec laquelle j'avais l'honneur d'avoir précédemment « des liens de respectueuse amitié — si elle me permet de me « servir de ce mot — j'ai écrit au roi lui-même, je lui ai dit « quel motif de délicatesse me faisait, suivant moi, un devoir « d'abdiquer entre ses mains les titres, les honneurs, que je « tenais de la monarchie tombée, je lui ai dit que d'une main « lui offrant ma démission de mes emplois diplomatiques, de « l'autre, je croyais devoir, comme patriote et comme Fran- « çais, lui offrir mon serment à lui et au gouvernement de « juillet...

Cependant se sentant dans un siècle d'action, Lamartine songeait à agir sans se lier. « On peut regretter le passé, di- « sait-il, mais il ne faut pas perdre le jour à pleurer inutile- « ment... Il ne faut pas prendre gratuitement la part d'une « faute que l'on n'a pas commise... Il faut rentrer dans les « rangs des citoyens, penser, agir, parler, combattre avec la « famille des familles : le pays. » Dès lors, les préoccupations politiques l'emportèrent chez lui sur la poésie, Il se présenta, comme candidat à la députation, successivement à Toulon et à Dunkerque ; il échoua et fut, à cette occasion, l'objet d'une violente attaque de la *Némésis*. Sa réponse au poète Barthélemy lui donna, sur son adversaire, tous les avantages de la dignité, de la poésie et du bon goût.

Repoussé, pour le moment, de la vie publique, Lamartin entreprit en 1832 un voyage en Orient, le pays de ses aspirations et de ses rêves. Au mois de mai, il s'embarque à Marseille avec sa femme et sa fille Julia sur l'*Alceste*, navire marchand qu'il avait équipé et armé lui-même. Il longe les côtes de la Morée, voit en passant l'acropole d'Athènes, et arrive sur les côtes de Syrie.

Quel voyage et quel livre, et comment faire pour en parler dignement ! Poésie du cœur, rêverie de l'âme, tristesses profondes, mélancolique contemplation du vieux monde oriental, ce premier-né du soleil, d'où l'humanité est sortie, où l'humanité retourne ; pieuse espérance d'une âme faite pour le ciel, profondes études d'un esprit philosophique, toutes ces choses se trouvent dans le *Voyage en Orient* de M. de Lamartine. Ce livre est écrit dans le plus merveilleux style qui se puisse lire. simple, élégant, parfois sublime ; style aux mille faces diverses.

Quand M. de Lamartine était un tout petit enfant qui jouait aux pieds de sa noble mère, il s'amusait à regarder, je l'ai déjà dit, les calmes figures de la Bible de Royaumont. C'est à ce livre que nous devons le *Voyage en Orient*. Plus d'une fois son imagination, ainsi frappée par les saints aspects de la Bible, s'est reportée vers ses montagnes, dans ces déserts, sous ce beau ciel. A la fin il a voulu réaliser son rêve d'enfant, toucher de sa main cette terre qu'il avait touchée de l'âme et du cœur. Il part avec la pompe d'un illustre voyageur ; il a un navire à lui, comme Byron ; un navire entier pour un poète, la chose étrange ! Autrefois, vingt-cinq ans plus tôt, un grand poète entreprenait le même voyage ! Savez-vous comment il était parti ? Il avait sur le dos un bissac, dans ce bissac Homère et la Bible, il avait à la main le bâton blanc du pèlerin ; il était seul ; à chacun son luxe. Ce poète s'appelait M. de Châteaubriand. Il avait à sa suite *Atala* et *René*, les deux enfants jumeaux de son génie. Il poursuivait à pied son poëme commencé, les *Martyrs*. M. de Lamartine emmène avec lui toute sa famille.

Leurs impressions ne diffèrent pas moins que leurs manières de voyager, et il serait assez curieux de les rapprocher. Le premier admire tout en Grèce « ... le soleil descendait entre des nuages qu'il peignait de rose ; il s'enfonça dans l'horizon, et le crépuscule le remplaça pendant une demi-heure. Durant le passage de ce crépuscule, le ciel était bleu au couchant, bleuâtre au zénith, et gris de perle au levant. *En Grèce tout est suave,* tout est adouci, tout est plein de calme dans la nature comme dans les récits des anciens. On conçoit le Parthénon, lorsqu'on a vu le ciel pur et les paysages gracieux d'Athènes, de Corinthe et de l'Ionie. » Écoutez maintenant le voyageur de 1832 :

« ... Où est Argos ? C'est une immense plaine stérile, au « fond du golfe. — Où est cette Grèce tant vantée ? — Tout est « terne et ennuyeux comme dans une gorge de la Savoie ou de « l'Auvergne dans une journé d'automne. »

Et ailleurs : « ... 22 avril 1832. *Bu des eaux du ruisseau bourbeux et infect qui est l'Illisus !* » On voit que M. About, dans son fameux pamphlet contre la Grèce contemporaine, n'a fait que répéter M. de Lamartine.

Arrivé à Beyrouth, — *Julia Felix,* sous l'empereur Auguste, — et où devait mourir mademoiselle de Lamartine, appelée, comme on sait, Julia... — étrange caprice du sort ! — et après y avoir établi sa famille, il s'achemine seul avec quelques amis vers Jérusalem, où il arrive le 28 octobre. La peste régnait dans la ville sainte. Les voyageurs y pénètrent néanmoins, et s'agenouillent à la place où Godefroi de Bouillon était venu s'humilier en y déposant son épée victorieuse. De retour à Beyrouth, il s'abandonne tout entier au bonheur de se promener avec sa fille dans cet admirable Liban, qui réunit les enchantements de toutes les zônes et les sites des plus beaux pays de la terre. Il ne se lasse pas de parcourir avec elle ce paradis comme s'il avait pressenti le coup qui allait le frapper. En effet, ce voyage, qui dura seize mois, fut signalé par une grande douleur : la mort de Julia, qui succomba bientôt, et dont le corps fut ramené tristement en France sur ce même navire où sa gracieuse jeunesse avait répandu tant de joie et inspiré tant de poésie. Il eut, du moins, pour fruit un beau livre : le *Voyage en Orient, souvenirs, impressions, pensées et paysages,* œuvre splendide de forme et souvent hardie de pensée. Malgré des inexactitudes géographiques, elle s'est placée bien près de l'*Itinératre de Paris à Jérusalem*, par Châteaubriand, et dont l'auteur a dit, en se défendant avec une modestie sincère contre la prétention d'avoir voulu faire un livre : « Un voyage à écrire n'était point dans ma pensée ; il « fallait du temps, de la liberté d'esprit, de l'attention, du tra- « vail ; je n'avais rien de tout cela à donner... Mon esprit était « ailleurs ; il fallait ou brûler ou laisser aller ces notes telles « quelles... Ces notes sont presque exclusivement pittoresques ; « c'est le regard écrit ; c'est le coup d'œil d'un passager, assis « sur son chameau ou sur le pont de son navire, qui voit fuir « des paysages devant lui. » Le lecteur chrétien, comme l'a si bien dit M. Spach, recherchera toujours dans le *Voyage en Orient,* de Lamartine, les pages éloquentes sur la cité de Dieu, pendant que l'homme d'État y trouvera les preuves du tact prophétique de l'auteur, qui annonça sans hésitation les événements accomplis aujourd'hui sur les rives du Bosphore et du Nil, dans les gorges du Liban et dans toutes les provinces de la Turquie.

Le poète n'avait pas trouvé une seule goutte d'eau dans l'Illissus ; le chrétien se baigne *dans les eaux douces, tièdes et bleues* du Jourdain ! Ce qui prouve que l'imagination peut non-seulement faire jaillir du rocher une source d'eau vive, mais encore dessécher un fleuve. D'où vient que M. de Châteaubriand s'abreuve avec délices dans le même fleuve grec, l'Illissus, où M. de Lamartine ne trouve qu'une vase fétide ? D'où vient qu'à son tour M. de Lamartine se précipite avec délices dans les *eaux douces, tièdes et bleues* de ce Jourdain, dont M. de Châteaubriand parle en ces termes magnifiques de désolation et de mort : « Au milieu de la vallée passe un *fleuve décoloré ;* il se traîne à regret vers le lac empesté qui l'engloutit. On ne distingue son cours au milieu de l'arène que par les saules et les roseaux qui le bordent. — Ce fleuve est le Jourdain !... » — Contemplez à présent le Jourdain de M. de Lamartine : — « Il passe en bouillonnant un peu, et en faisant entendre son premier murmure sous les arches ruinées d'un pont d'architecture romaine. Le Jourdain surpasse de beaucoup l'Eurotas et le Céphise. Il roule doucement dans un lit d'environ cent pieds de large, une nappe d'eau de deux ou trois pieds de profondeur, claire, limpide, transparente, laissant compter les cailloux de son rivage, comme une glace qui colore ce qu'elle réfléchit. Je pris dans le creux de ma main de l'eau du Jourdain ; je trouvai cette eau parfaitement douce·, d'une saveur agréable et d'une grande limpidité. » Et à présent, à quel Jourdain croyez-vous? Moi, je crois à la fois aux deux fleuves, au fleuve de M. de Châteaubriand, et au fleuve de M. de Lamartine : avec le premier, je m'agenouille en tremblant sur le lit désolé du Jourdain ; je me plonge avec M. de Lamartine dans ses eaux bleues et transparentes. Ils ont raison l'un et l'autre, parce que, l'un et l'autre, ils racontent ce qu'ils ont vu !

Toutefois, M. de Lamartine n'était pas tellement plongé dans l'Orient, qu'il oubliât l'Europe : et d'Athènes et de Jérusalem, il préparait dans ses correspondances le succès d'une prochaine candidature. Un curieux épisode de son voyage que je ne dois point passer sous silence, c'est la visite du poète à la fameuse lady Ester Stanope, nièce de William Pitt, sorte de folle illuminée, riche à millions, qui, après avoir passé la plus grande partie de sa jeunesse à courir d'un bout du continent à l'autre, avait fini par aller s'établir dans les déserts de la Syrie, aux ruines de Balbeck. Notre voyageur la trouva dans une espèce de château-fort aux gigantesques remparts qu'elle avait fait construire au milieu des solitudes du Liban... A son retour du Liban, il retrouva, je l'ai dit, sa pauvre Julia agonisante.

. . . .

> Des sanglots étouffés sortaient de ma demeure ;
> L'amour seul suspendait pour moi sa dernière heure :
> Elle m'attendait pour mourir !
>
> C'était le seul débris de ma longue tempête,
> Seul fruit de tant de fleurs, seul vestige d'amour,
> Une larme au départ, un baiser au retour,
> Pour mes foyers errants une éternelle fête ;
> C'était sur ma fenêtre un rayon de soleil,
> Un oiseau gazouillant qui buvait sur ma bouche,
> Un souffle harmonieux, la nuit, près de ma couche,
> Une caresse à mon réveil.
>
> C'était plus : de ma mère, hélas ! c'était l'image ;
> Son regard par ses yeux semblait me revenir ;
> Par elle mon passé renaissait avenir,
> Mon bonheur n'avait fait que changer de visage ;
> Sa voix était l'écho de dix ans de bonheur,
> Son pas dans la maison remplissait l'air de charmes,
> Son regard dans mes yeux faisait monter les larmes,
> Son sourire éclairait mon cœur.

Marseille, qui avait vu partir Julia pleine de santé, de force et de jeunesse, la vit revenir couchée dans un cercueil.

III

Lamartine rentra, le cœur brisé dans son domaine de Saint-Point. Envoyé à la chambre, durant son absence, par le collége électoral de Bergues, le 8 janvier 1833, il trouva heureusement dans l'activité des luttes politiques, une diversion à son immense douleur.

Son entrée à la chambre des députés, où il prit place le 24° décembre 1833, fut accueillie sinon avec défaveur, du moins avec ce sentiment de défiance et de réserve qu'en France, où nous avons horreur des vocations doubles, où nous ne croyons qu'à la spécialité, on éprouve toujours à l'égard des esprits aptes à tout embrasser, à tout entreprendre, à tout faire. Il ne nous semble pas qu'un poète puisse être homme d'État ; nous oublions que Dante, avant son exil, avait été chargé de plusieurs délicates missions diplomatiques qu'il avait admirablement remplies ; nous ne semblons pas nous douter du rôle important joué par Milton dans la révolution anglaise. Et ceux-là même seraient tentés de priver les poètes de leurs droits de citoyens, qui veulent l'extension illimitée du suffrage universel. En 1849, tandis que M. de Lamartine ne pouvait pas obtenir un siége à l'Assemblée législative, on envoyait à la chambre le maçon Nadaud, et le département de Saône-et-Loire préférait au grand poète-orateur, un M. *Racouchot*, un M. *Janot !*

En 1833, on ignorait tout à fait les antécédents diplomatiques du poète ; le public n'était pas initié à ses études. Cependant, comme secrétaire d'ambassade et comme homme de cabinet, Lamartine n'était pas tout à fait un novice. Il ne lui fallut pas moins de huit années pour obtenir enfin à la chambre l'autorité à laquelle il avait droit, et il finit par devenir le chef d'un petit parti que ses adversaires appelaient par dérision et avec dédain le parti social.

Les travaux législatifs ne nuisirent pas à l'activité et à la fécondité de son esprit poétique. Les quatre volumes du *Voyage en Orient* datent de 1835, et l'année suivante parut *Jocelyn*, dont la donnée première, comme je l'ai dit déjà, est empruntée à la vie réelle, *Jocelyn* causa tout d'abord un grand étonnement ; puis la sensation fut profonde. Annoncé sous la forme simple et décousue d'un journal trouvé chez un curé de village, comme un épisode, comme un fragment d'un vaste poëme humanitaire de tous les âges de la nature et de toutes les époques de la civilisation, *Jocelyn* forme en réalité un tout complet, débordant de vie et de passion, trop diffus, sans doute, trop délayé, trop long, mais unissant au lyrisme, au mouvement dramatique et à un sentiment profond des problèmes éternels de la philosophie, la peinture des luttes sanglantes de la société ou des orages du cœur.

Le grand défaut de *Jocelyn*, c'est la prolixité. Condensé en cinq cents vers, ce poëme pouvait être le chef-d'œuvre de son auteur. C'est de la poésie surtout qu'on peut dire avec Boileau.

> Qui ne sait se borner ne sut jamais écrire.

Combien il est plus facile de faire deux mille vers que deux cents! Voyez Dante. Quelle concision dans ces épisodes sublimes que l'on relit depuis six siècles et que l'on relira éternellement. L'épisode de *Francesca da Rimini* n'a que soixante vers. Où l'on retrouve le Lamartine de 1820 et de 1829, le Lamartine des *Méditations* et des *Harmonies*, c'est dans ces quelques fragments lyriques répandus dans le poëme :

> Pourtant chaque atôme est un être !
> Chaque globule d'air est un monde habité !
> Chaque monde y régit d'autres mondes peut-être
> Pour que l'éclair qui passe ait une éternité !
> . . . .
> Vois dans son nid la muette femelle
> Du rossignol qui couve ses doux œufs,
> Comme l'amour lui fait culer son aile
> Pour que le froid ne tombe pas sur eux.
> Son cou, que dresse un peu d'inquiétude
> Surmonte seul la conque où dort son fruit,
> Et son bel œil éteint de lassitude,
> Clos du sommeil, se rouvre au moindre bruit.
> Pour ses petits son souci la consume,
> Son blond duvet à ma voix a frémi ;
> On voit son cœur palpiter sous la plume
> Et le nid tremble à son souffle endormi.
> . . . .
> Un mendiant trouva des médailles en terre ;
> Dans une langue obscure on y lisait : Mystère !
> Méprisant l'effigie, il jeta son trésor ;
> Insensé, lui dit-on, quelle erreur est la tienne !
> Qu'importe l'effigie, ou profane, ou chrétienne ?
> O mendiant, c'était de l'or !

En 1838, la *Chute d'un ange*, autre épisode du même grand poëme universel, fut accueillie avec une froideur méritée. Négligence de forme, exagération de la pensée, absence de tout intérêt ; le monde antédiluvien et le royaume des géants, au milieu desquels le poète nous entraîne, déjà fort étrange par lui-même, le devient plus encore par les détails. Il serait injuste pourtant de méconnaître dans cette tentative épique une certaine vigueur, une audace qu'on n'aurait pas attendue d'abord du talent élégiaque, tendre, de l'auteur, et enfin une fraîcheur de coloris qui fait oublier bien des défauts.

En 1839, paraissent les *Recueillements poétiques*. Le poète ayant pris l'habitude d'improviser tous ses vers, les beautés ne sont plus chez lui que des hasards heureux. On ne peut citer une seule pièce tout à fait belle. Cependant le *Cantique sur la mort de la duchesse de Broglie*, le *Cantique sur un rayon de soleil* ne dépareraient pas les *Harmonies*. On dirait que cette voix, qui chantait si mélodieusement sur le lac du Bourget et sur la plage de Baïa, se renforce et se grossit, en prévision des orages populaires. La lettre-préface des *Recueillements* est un véritable chef-d'œuvre ; ces vingt pages de prose valent mieux que les trois cents pages de vers qui les suivent. Le poète raconte son existence à Saint-Point, durant l'automne...

« A ce moment de l'année, je me lève bien avant le jour ; cinq heures du matin n'ont pas encore sonné à l'horloge lente et rauque du clocher qui domine mon jardin, que j'ai quitté mon lit, fatigué de rêves, rallumé ma lampe de cuivre et mis le feu au sarment de vigne qui doit réchauffer ma veille dans cette petite tour voûtée, muette et isolée, qui ressemble à une chambre sépulcrale habitée encore par l'activité de la vie. J'ouvre ma fenêtre, je fais quelques pas sur le plancher vermoulu de mon balcon de bois ; je regarde le ciel et les noires dentelures de la montagne, qui se découpent nettes et aiguës sur le bleu pâle d'un firmament d'hiver ou qui noient leurs cimes dans un lourd océan de brouillard, et, quand il y a du vent, je vois courir les nuages sur les dernières étoiles qui brillent et disparaissent tour à tour, comme des perles de l'abîme que la vague recouvre et découvre dans ses ondulations. Les branches noires et dépouillées des noyers du cimetière se tordent et se baignent sous la tourmente des airs, et l'orage nocturne ramasse et roule leur tas de feuilles mortes qui viennent bruire et bouillonner au pied de la tour, comme de l'eau. A un tel spectacle, à une telle heure, dans un tel silence, au milieu de cette nature sympathique, de ces collines où l'on a grandi, où l'on doit vieillir, à dix pas du tombeau où repose, en nous attendant, tout ce qu'on a le plus pleuré sur la terre, est-il possible que l'âme, qui s'éveille et qui se trempe dans cet air des nuits, n'éprouve pas un frisson universel, ne se mêle pas instantanément à toute cette magnifique confidence du firmament et des montagnes, des étoiles et des prés, du vent et des arbres, et qu'une rapide et bondissante pensée ne s'élance pas du cœur pour monter à ces étoiles, et de ces étoiles pour monter à Dieu? Quelque chose s'échappe de moi pour se confondre à toutes ces choses; une tristesse et un enthousiasme se confondent dans quelques mots que j'articule tout haut, sans crainte que personne les entende, excepté le vent qui les porte à Dieu. Le froid du matin me saisit; mes pas craquent sur le givre, je referme ma fenètre et je rentre dans ma tour, où le fagot réchauffant pétille et où mon chien m'attend..... »

..... « Tout dort dans la maison et dans la cour; à peine entend-on quelquefois un coq, trompé par la lueur d'une étoile, jeter un cri qu'il n'achève pas, et dont il semble se repentir, ou quelque bœuf, endormi et rêvant dans l'étable, pousser un rugissement sonore qui réveille en sursaut le bouvier. . . . . Je vais, je viens, je fais mes six pas dans tous les sens, sur les dalles de ma chambre étroite. Je regarde un ou deux portraits suspendus au mur, images mille fois mieux peintes en moi; je leur parle, je parle à mon chien..... Puis je m'assieds près de la vieille table de chêne où mon père et mon grand père se sont assis; elle est couverte de livres froissés par eux et par moi : leur vieille bible, un grand Pétrarque in-4° en deux énormes volumes, où ses œuvres latines, sa politique, ses philosophies, son *Africa,* tiennent deux mille pages, et où ses immortels sonnets en tiennent sept; un Homère, un Virgile, un volume des lettres de Cicéron, un tome dépareillé de Chateaubriand, de Goëthe, de Byron, et une petite Imitation de Jésus-Christ, bréviaire philosophique de ma pieuse mère, qui conserve la trace de ses doigts, quelquefois de ses larmes. Au milieu de tous ces volumes poudreux et épars, quelques feuilles de beau papier blanc, des crayons et des plumes qui invitent à crayonner et à écrire...

..... « La cloche du village sonne bientôt l'Angelus avec le crépuscule; on entend dans les sentiers rocailleux qui montent à l'église et au château le bruit des sabots des paysans, le bèlement des troupeaux, les aboiements des chiens de berger et les cahots criards des roues de la charrue sur la glèbe gelée par la nuit..... Les ouvriers montent mon escalier de bois et me demandent de leur tracer l'ouvrage de leur journée; le curé vient me solliciter de pourvoir à ses malades ou à ses écoles; le maire vient et me prie de lui expliquer le texte confus d'une loi nouvelle sur les chemins vicinaux, loi que j'ai faite et que je ne comprends pas mieux que lui. Des voisins viennent et me demandent d'aller avec eux tracer une route ou borner un héritage; mes vignerons viennent m'exposer que la récolte a manqué et qu'il ne leur reste qu'un ou deux sacs de seigle pour nourrir leur femme et cinq enfants pendant un long hiver; le courrier arrive chargé de journaux et de lettres, qui ruissèlent comme une pluie de paroles sur ma table, paroles quelquefois douces, quelquefois amères, plus souvent indifférentes, mais qui demandent toutes une pensée, un mot, une ligne. Mes hôtes, si j'en ai, se réveillent et circulent dans la maison; d'autres arrivent et attachent leurs chevaux harassés aux barreaux de fer des fenètres basses. Ce sont des fermiers de nos montagnes, en veste de velours noir, en guètres de cuir; des maires des villages voisins, de bons vieux curés à la couronne de cheveux blancs, trempés de sueurs; de pauvres veuves des villes prochaines qui seraient heureuses d'un bureau de poste ou de timbre, qui croient à la toute puissance d'un homme dont le journal du chef-lieu a parlé, et qui se tiennent timidement en arrière sous les grands tilleuls de l'avenue avec un ou deux pauvres enfants à la main. Chacun a son souci, son rêve, son affaire ; il faut les entendre, serrer la main à l'un, écrire un billet pour l'autre, donner quelque espérance à tous. Tout cela se fait en rompant, sur le coin de la table chargée de vers, de prose et de lettres, un morceau de ce pain de seigle odorant de nos montagnes, assaisonné de beurre frais, d'un fruit du jardin, d'un raisin de la vigne ; frugal déjeûner de poète et de laboureur dont les oiseaux attendent les miettes sur mon balcon. Midi sonne ; j'entends mes chevaux caressants hennir et creuser du pied le sable de la cour, comme pour m'appeler. Je dis bonjour et adieu aux hôtes de la maison, qui restent jusqu'au soir ; je monte à cheval, et je pars au galop... »

Je ne sais si je m'abuse ; mais ma seule crainte est que mes lecteurs ne trouvent trop courte cette longue citation.

IV.

Abordons la vie politique et oratoire de M. de Lamartine.

A son entrée à la chambre, il ne prit pas d'abord une part bien active aux affaires. Adhérent dédaigneux des ministères formés, des ministères de Broglie, Guizot, Thiers, il parut pour la première fois à la tribune le 4 janvier 1834. Les passions étaient vives alors, car la réaction était flagrante. Quelle est sa première pensée, sa première parole ? Une pensée de clémence, une parole de miséricorde ; il réclame l'amnistie pour les Vendéens, comme il la réclamera bientôt pour les accusés d'avril, comme il se prononcera avec énergie contre les lois de septembre. « Ce qu'il y a à faire, ce n'est pas de museler la presse, c'est de ne pas ajourner sans cesse les réformes utiles aux masses ; c'est de ne pas laisser plus longtemps stériles pour l'humanité une révolution faite par le peuple... c'est de ne pas donner sans cesse et tour à tour, au peuple français et à l'Europe, le spectacle démoralisateur d'hommes qui ne se servent des plus saintes espérances de l'humanité que comme d'une arme pour conquérir des positions politiques ; qui, parvenus à se saisir du gouvernement, traînent dans les récriminations et dans l'insulte le drapeau qui les a menés à la victoire, blasphèment ce qu'ils ont adoré, adorent ce qu'ils ont brisé, et font croire au peuple, perverti par de tels exemples, qu'il n'y a ni vérité, ni mensonge, ni vertu, ni crime en politique. »

Lors de la fameuse coalition de 1839, M. de Lamartine défendit contre elle le cabinet Molé, non qu'il approuvât tous les actes du ministère. « Mais, disait-il, je continuerai à voter pour les ministres de l'amnistie et de la paix contre les ministres énigmatiques, dont l'alliance suspecte ne procure au pays que deux résultats funestes : la dégradation certaine du pouvoir et la déception de la liberté. » Il ajoutait : « Il ne faut pas se figurer que, parce que nous sommes fatigués des grands mouvements qui ont remué le siècle et nous, tout le monde est fatigué comme nous et craint le moindre mouvement. Les générations qui grandissent ne sont pas lasses, elles; elles veulent agir et se fatiguer à leur tour. Quelle action leur avez-vous donnée? *La France est une nation qui s'ennuie.* » C'est dans la séance du 10 janvier 1839 que fut prononcé ce fameux mot, tant cité, tant répété, tant invoqué depuis lors : *La France s'ennuie!* Son éloquence ne sauva pas le cabinet du 15 avril (cabinet Molé, formé le 15 avril 1837); mais son influence, qui contribua à maintenir compacte la majorité des 221, facilita la formation du ministère tiers-parti du 12 mai. Cependant il ne tarda pas à se séparer du ministère sur la question d'Orient. Il avait à ce sujet des idées particulières. Il demandait l'établissement d'un congrès européen, chargé de surveiller les destinées de l'empire ottoman, et de les régler quand le moment en serait venu. Il résumait ainsi son système : « Un protectorat général et collectif de l'Occident sur l'Orient, fractionné entre les diverses puissances. » Il donnait Constantinople à la Russie, l'Égypte à l'Angleterre et la Syrie à la France. M. Thiers, héritier du cabinet du 12 mars et chef du ministère du 1ᵉʳ mars (1840), rencontra un adversaire décidé dans M. de Lamartine, dont l'hostilité même survécut à la retraite du président du conseil, et continua au sujet des fortifications de Paris, qu'il repoussa comme inefficaces contre l'étranger et dangereuses pour la liberté. Sa très-vive opposition à M. Thiers, le rapprocha un moment de M. Guizot, et on put croire qu'il allait devenir un pur conservateur; mais le contraire arriva. Dans la session de 1842, le député de Mâcon (1)

(1) Aux élections de 1834, les électeurs de Mâcon, jaloux de voir leur illustre compatriote représenter une autre ville que la leur, lui

se prononça pour l'adjonction des capacités, et reprocha au ministère du 29 octobre de rester immobile, inerte... « Si c'est là, dit-il, tout le génie de l'homme d'État chargé de diriger un gouvernement, il n'y aurait pas besoin d'homme d'État, une *borne* y suffirait. » Le mot fit fortune, et le ministère Guizot, qui devait succomber sous un autre mot du grand orateur, ne fut plus appelé que le *cabinet borne*. On ne saurait s'imaginer l'importance des mots en politique. Une seule de ces paroles éloquentes est plus redoutable pour un gouvernement que bien des coalitions. Trois mots de M. de Lamartine ont, à son insu peut-être, sapé légèrement d'abord, puis ébranlé, et enfin renversé la monarchie de Juillet. *La France s'ennuie* porta le premier coup. Les *conservateurs bornes* s'attaquèrent aux fondements de l'édifice, qui tomba enfin six ans plus tard sous *la révolution du mépris*.

M. de Lamartine se sépara encore du cabinet en se prononçant pour la régence de la duchesse d'Orléans, et le 27 janvier 1843 il rompit définitivement avec le parti conservateur. « Convaincu dit-il en terminant son mémorable discours, que le gouvernement s'égare de plus en plus, que la pensée du règne tout entier se trompe, convaincu que le gouvernement s'éloigne de jour en jour de son principe et des conséquences qui devaient en découler pour le bien-être intérieur et la force extérieure de mon pays ; convaincu que tous les pas que la France a faits depuis huit ans sont des pas en arrière et non des pas en avant ; convaincu que l'heure des complaisances est passée, j'apporte ici mon vote contre l'adresse, contre l'esprit qui l'a rédigée, contre l'esprit du gouvernement qui l'accepte, et que je combattrai avec douleur, mais avec fermeté, dans le passé, dans le présent et peut-être dans l'avenir. » M. de Lamartine tint sa parole, et dans les sessions suivantes. il fit au ministère Guizot une opposition de plus en plus décidée, qui remua profondément l'opinion publique, qui dépassa bientôt l'opposition dynastique, et chercha un aliment dans les souvenirs révolutionnaires. Les élections de 1846, en donnant

donnèrent leurs voix ; mais M. de Lamartine opta pour Bergues, où il avait été réélu. Les Mâconnais ne se rebutèrent pas, et, en 1837, les deux colléges électoraux de Mâcon le nommèrent à la fois. M. de Lamartine ne put se refuser à cette marque d'admiration et opta pour sa ville natale.

au ministère une majorité considérable composée surtout de fonctionnaires publics, ne fit qu'exciter l'incendie.

C'est alors que paraît l'*Histoire des Girondins*, œuvre saisissante, originale, étrange, qui n'est ni de l'histoire, ni du roman, ni de l'Épopée, et qui est tout cela en même temps. Aussi ce livre ne doit pas être jugé seulement au point de vue littéraire ; il eut l'importance d'un acte politique. « Assurément, dit Daniel Stern dans son *histoire de la révolution* de 1848, parmi les causes immédiates de la révolution, l'*histoire des Girondins* a été l'une des plus décisives, en ranimant soudain, par un don d'évocation véritablement magique, les ombres des hommes de 89 et de 93 dont la grandeur semblait un reproche muet à nos petitesses. » L'opposition résolut de s'en servir pour renverser le ministère. Des banquets réformistes s'organisèrent dans les départements. M. de Lamartine, qui n'appartenait à aucune fraction de l'opposition, qui avait de l'antipathie pour M. Thiers et peu de confiance en M. Barrot, se tint à l'écart. Il eut son banquet à lui, le banquet de Mâcon. Là il annonça assez clairement les destins de la maison d'Orléans... « Si la royauté, dit-il, trompe les espérances que la prudence du pays a placées dans son nom en 1830, si elle s'entoure d'une aristocratie électorale, au lieu de se faire peuple tout entier ; si, sans attenter ouvertement à la volonté de la nation, elle achète, sous le nom d'influence, une dictature dangereuse ; si elle laisse affliger, humilier la nation et la postérité par l'improbité des pouvoirs publics, elle tomberait, soyez en sûr, elle tomberait, non dans son sang, comme celle de 89, mais dans son piége. Et après avoir eu les révolutions de la liberté, et les contre-révolutions de la gloire, vous auriez *la révolution de la conscience publique*, LA RÉVOLUTION DU MÉPRIS.

C'est sous l'empire de telles excitations que s'ouvrent les chambres, le 27 décembre 1847. En 1830, en Angleterre, le duc de Wellington, malgré l'autorité de son nom, et avec la majorité dans le parlement, s'était retiré devant une manifestation réformiste moins redoutable ; M. Guizot ne suivit pas cet exemple. Les choses se précipitent, et ici je n'ai pas besoin d'entrer dans des détails qui sont dans toutes les mémoires : le banquet du XIIᵉ arrondissement, interdit, et plusieurs fois remis, fixé au 22 février, amène la catastrophe. On sait les journées des 22, 23 et 24 février. M. de Lamartine n'eut pas de rôle dans les deux premières, mais il en prit un décisif dans la troisième. En se rendant à la chambre, après l'abdication du roi, il rencontre sous le vestibule du palais, MM. Marrast, Hetzel, Bastide, Bocage, qui offrent d'appuyer la régence : « Je n'entrerai, répondit-il, que dans un mouvement complet, c'est-à-dire la république. » Dans la salle il insista beaucoup pour la nomination d'un gouvernement provisoire. Son discours prononcé au milieu du tumulte fut interrompu par une irruption d'hommes du peuple mêlés à des gardes nationaux. Un des nouveaux arrivants braqua son fusil sur l'orateur ; M. Sauzet leva la séance et se retira avec une partie des députés. Puis vient la marche à l'Hôtel-de-Ville, la formation du gouvernement et son installation. Inutile d'insister sur ces détails que tout le monde sait par cœur. Mais je crois devoir donner intégralement la fameuse improvisation sur le drapeau rouge, le 25 février. Après un *hymne de paroles*, sur la victoire du peuple, sur sa magnanimité après le triomphe :

« Voilà, continua-t-il, ce qu'a vu le soleil d'hier. Et que ver-
« rait le soleil d'aujourd'hui ?... Il verrait un autre peuple
« d'autant plus furieux, qu'il a moins d'ennemis à combattre,
« se défier des mêmes hommes qu'il a élevés hier au-dessus
« de lui ; les contraindre dans leur liberté, les avilir dans leur
« dignité, les méconnaître dans leur autorité, qui n'est que la
« vôtre ; substituer une révolution de vengeance et de sup-
« plice à une révolution d'humanité et de fraternité ; et com-
« mander à son gouvernement d'arborer en signe de concorde
« l'étendard de combat à mort entre les citoyens d'une même
« patrie ! Ce *drapeau rouge*, qu'on a pu élever quelquefois
« comme un épouvantail contre des ennemis, qu'on doit abat-
« tre après le combat en signe de réconciliation et de paix !
« J'aimerais mieux le drapeau noir, qu'on fait flotter quelque-
« fois dans une ville assiégée, comme un linceul, pour dési-
« gner à la bombe les édifices neutres consacrés à l'humanité
« et dont les boulets et la bombe même des ennemis doivent
« s'écarter. Voulez-vous donc que le drapeau de votre répu-
« blique soit plus menaçant et plus sinistre que celui d'une
« ville bombardée ?... Citoyens, vous pourrez faire violence au
« gouvernement si vous êtes assez mal inspirés pour lui impo-
« ser une république de parti pris et un gouvernement de ter-
« reur. Le gouvernement, je le sais, est aussi décidé que moi-

« même à mourir plutôt que de se déshonorer en vous obéis-
« sant. Quant à moi, jamais ma main ne signera ce décret ! Je
« repousserai jusqu'à la mort ce drapeau de sang, et vous de-
« vriez le répudier plus que moi ! Ce drapeau rouge que vous
« nous rapportez n'a jamais fait que le tour du Champ-de-Mars
« traîné dans le sang du peuple en 91 et en 93, et le drapeau
« tricolore a fait le tour du monde avec le nom, la gloire, et la
« liberté de la patrie. »

Jamais popularité n'égala celle dont jouit pendant quelques
jours M. de Lamartine. Il n'était pas seulement ministre des
affaires étrangères, il était moralement dictateur, et ce sera
son éternel honneur d'avoir rassuré les esprits au dedans et
les puissances au dehors. Envoyé à l'assemblée par dix départements et par plus de trois millions d'électeurs, il était plus
qu'un roi. Bien éphémère devait être cette royauté-là ! Trois
mois plus tard, il descendait du Capitole, son rôle était fini,
sa voix sans puissance, et au renouvellement de la chambre,
en 49, il n'était réélu ni par dix départements, ni même par
ses propres concitoyens ! Sa vie politique était terminée, et il
reprenait avec résignation ses travaux littéraires, publiait
dans la *Presse* les *Confidences* pour racheter Milly, menacée
d'expropriation puis les *Nouvelles Confidences, Raphaël*, pages de la 20ᵉ année, et ce touchant épisode de Graziella. Il
publia en même temps le *Conseiller du Peuple*, puis le *Civili-
sateur*. Appelé à la rédaction en chef du *Pays*, il la quitta
bientôt pour se consacrer aux travaux de pure littérature et
d'histoire. L'*Histoire de la Révolution de 1848*, l'*Histoire de la
Restauration*, l'*Histoire de Turquie*, l'*Histoire de Russie*, ont
successivement vu le jour. Ce vieillard de soixante-dix ans à
conservé une puissance de travail vraiment prodigieuse. Et ne
croyez pas que ces diverses publications, si elles sont infé-
rieures à leurs aînées, soient sans valeur littéraire. Elles suf-
firaient à la réputation d'un homme. Il n'est pas une page dic-
tée par M. de Lamartine où ne se reconnaisse aisément l'em-
preinte de son génie. Il a prouvé enfin dans son *Cours de littérature*, que son talent critique n'est point au-dessous de ses
facultés créatrices. A part quelques sévérités exagérées —
Dante, par exemple, Lafontaine, Alfred de Musset — ses ju-
gements sont toujours d'une justesse profonde. Ce *Cours de
littérature*, qui a pu ne paraître que comme un expédient fi-

nancier, ne sera pas l'une des œuvres les moins importantes de notre poète.

Parmi les quatre grands poètes de notre temps, quelle sera aux yeux de la postérité la place de M. de Lamartine? Il y a peut-être présomption et témérité à établir un classement entre Victor Hugo, Béranger, Alfred de Musset et Lamartine. Pourtant j'inclinerais à donner la prééminence à ce dernier. Victor Hugo est le poète d'une école, d'un système littéraire, d'une mode; c'est le poète du romantisme. Alfred de Musset n'a guère eu d'autre muse que l'orgie et la débauche, les amours équivoques, n'a chanté d'autre monde que le monde interlope, étiqueté depuis par M. Dumas fils; *Rolla* et *Mardoche* ne sont que de pâles copies de *Don Juan* et de *Manfred;* Alfred de Musset est le poète de la fantaisie dévergondée, échevelée. Béranger a trouvé certes de magnifiques accents pour chanter la France. Mais en écartant ses poésies érotiques, qui le classent tout au plus à côté de Parny, il n'est inspiré que par un sentiment magnifique en soi, mais un peu étroit dans ses perspectives. C'est le poète — et ce n'est pas là, certes, un mince honneur — c'est le poète du patriotisme. Lamartine, lui, n'est ni romantique, ni classique, et il est à la fois l'un et l'autre, il a chanté tous les sentiments nobles du cœur, et nulle part le patriotisme n'a trouvé ces accents émus que nous rencontrons dans l'harmonie : *Milly* ou *la terre natale :*

Mais il est sur la terre une montagne aride...

Chaque arbre a son histoire et chaque pierre, un nom.

Lamartine n'est pas seulement le poète d'un seul sentiment, le patriotisme, comme Béranger; le poète d'une école, comme Hugo, le poète de la bohême, comme Alfred de Musset, c'est le poète de l'âme humaine, et il surpasse, à mes yeux, ses illustres rivaux de toute la supériorité de l'âme humaine sur une seule de ses manifestations. Hugo a sa poétique à part, dont il a formulé les préceptes dans quelques préfaces fameuses; Lamartine a fondé, lui aussi, une école littéraire, mais sans le vouloir, sans le chercher, sans s'en douter. Il n'a suivi exclusivement ni les règles étroites de la vieille poétique, ni les règles fantasques d'une poétique arbitraire. Il n'a suivi que les conseils et les inspirations de son cœur pour le fond, de son oreille pour la forme. Chez lui, dans ces belles stances dont il est le premier créateur, rien de heurté de convenu, de factice. Tout est doux, calme, suave, et ce n'est pas en vain qu'il a intitulé *Harmonies* un de ses chefs-d'œuvres.

Quelle simplicité dans tous ses titres! Point de tapage, point de grosses caisses, de préfaces ronflantes, point de feuilles d'hiver, de chants de l'aurore, de rayons et d'ombres, d'antithèses prétentieuses. Un seul mot pour titre : *Méditations, Harmonies, Recueillements.* Croyez-moi, il n'y a de génie que dans la simplicité. Aussi, M. de Lamartine n'a-t-il pas été un seul moment contesté, comme le fut si longtemps son illustre rival. Romantiques et classiques ont dû, dès le premier jour s'incliner devant son génie. Il y a bien par-ci par-là quelques taches dans sa forme, quelques réminiscences de la ridicule et déplorable poésie de l'Empire. Ainsi ce vers de la troisième méditation :

Heureuse *la beauté* que le poète adore !

pourrait être revendiqué par Luce de Lancival. Ce vers doit être, je l'affirme, antérieur à 1814, bien qu'il n'ait été imprimé qu'en 1820. Plus tard, Lamartine aurait dit tout simplement : *la Femme.* Le langage mythologique reparaît aussi de temps en temps d'une manière fâcheuse dans les premières *Méditations.* Et je regrette, par exemple, que le poète n'appelle pas *Philomèle* tout simplement : un rossignol. Mais ce sont là des taches légères et que l'on ne retrouve plus dans les *Nouvelles Méditations*, ni dans les *Harmonies*, ni dans *Jocelyn*.

V

J'aborde la dernière partie de ma tâche et la plus douloureuse.

Il est une citation d'Horace que nous retrouvons bien souvent depuis vingt ans dans les préfaces, dans les lettres du poète, et qui apparaît pour la première fois dans les *Recueillements : Res angusta domi*, triste mot, dit M. de Lamartine, — préface des *Confidences*, — que les modernes ont traduit par *Gêne domestique, embarras de fortune.* Eh bien, oui, lui aussi, le poète qui équipait un vaisseau, et qui débarquait en Syrie comme un souverain, lui aussi, comme tous les grands poètes, il a bu, il boit encore à la coupe de la pauvreté, de la gêne, — *Res angusta domi!* — tout est relatif, — comme Le Tasse, comme Camoëns, comme Balzac, poursuivi jusqu'à la veille de sa mort, par des créanciers, comme Châteaubriand, qui écrit quelque part dans ses *Mémoires d'outre-tombe* :

« ... La faim me dévorait... Je suçais des morceaux de linge « que je trempais dans de l'eau, je mâchais de l'herbe et du « papier. Quand je passais devant la boutique d'un boulanger, « mon supplice était horrible. Par une rude soirée d'hiver, je res- « tai deux heures planté devant un magasin de fruits secs et « de viandes fumées, avalant des yeux tout ce que je voyais. « J'aurais mangé, non-seulement des comestibles, mais leurs « boîtes, paniers et corbeilles... »

Certes, M. de Lamartine n'a jamais connu, lui, et ne connaîtra jamais les affres de la misère, les angoisses de la faim, les souffrances du froid. Mais il est d'autres souffrances, d'autres angoisses, d'autres tortures ; encore n'est-il pas bien sûr que sans les efforts de courage, d'énergie, de travail dont lui seul est capable, il ne fût point descendu à ce degré de dénuement que bien des génies ont connu. Si M. de Lamartine n'a pas de petits enfants qui lui demandent vainement le morceau de pain qu'il ne sait où trouver, il a bien des familles dont la vie est suspendue à ses efforts, à ses travaux, à ses ressources. Le créancier de M. de Lamartine, ce n'est pas Gobsek, ni Shylock, ce sont de pauvres gens dont le sort est intéressant à tous les titres. Et d'ailleurs, fût-ce Shylock lui-même, ne serait-il pas déplorable que le noble vieillard de génie qui, durant quarante années, a tenu la France et l'Europe suspendues à ses lèvres, passât ses derniers jours dans un *ergastulum* moral, et ne serait-ce pas une honte pour notre pays, qu'il partît de ce monde avant d'avoir acquitté des dettes que la générosité a créées, que la libéralité a augmentées, que le dévouement patriotique a triplées ; dettes qui ne sont pas seulement honorables, mais qui sont un titre d'honneur.

S'il est un spectacle touchant, assurément, c'est celui des efforts et des luttes surhumaines contre les heures, contre le temps, que soutient depuis dix ans M. de Lamartine pour arriver à cette libération, qui est son seul souci, son unique préoccupation, et pour laquelle il donnerait peut-être la meilleure part de sa gloire littéraire. C'est une noble et touchante histoire que celle-là, et qui se partage en cinq phases.

C'est d'abord l'entreprise du *Cours de littérature*, la seule qui ait donné un résultat, résultat incomplet sans doute, mais enfin résultat. Une partie de la dette a pu être éteinte, grâce à ce travail incessant de plume, de tête, d'esprit.

Émus de cette triste situation, les amis du poète, confiants dans la reconnaissance de la bourgeoisie, qui lui a dû, en 48, le maintien de l'ordre et la sûreté de leurs personnes et de leurs propriétés, ont fait appel à une souscription nationale. Malheureusement la gratitude n'est pas une vertu commune ; les services rendus s'oublient bien vite ; les nations, sous ce rapport, valent encore moins que les individus, et l'histoire de tous les grands hommes, de tous les grands citoyens n'est guère que l'histoire de l'ingratitude de leurs compatriotes. Joignez à cela des frais énormes de publicité et d'administration, et vous comprendrez pourquoi la souscription nationale n'a produit que des résultats insignifiants.

Toujours courageux, dévoué à sa tâche d'honneur, M. de Lamartine s'est remis au travail, et s'est fait lui-même l'éditeur de ses œuvres complètes, et un grand nombre de souscripteurs ont répondu à son appel ; mais pour qui sait dans quel état de marasme est tombée la librairie, il sera aisé de deviner que le bénéfice net ne saurait être considérable. Pourtant ces divers travaux ont permis au poète de se libérer en partie, et de retirer des mains de ce Shylock moral une partie de la chair qu'il lui avait vendue.

Mais l'œuvre de libération n'est qu'à moitié achevée, et l'idée d'un *emprunt littéraire à 40 francs* n'ayant pas réussi, il a fallu songer à autre chose. — Encore une fois, c'est un touchant et sublime spectacle, c'est un magnifique poëme que les tentatives désespérées de ce vieillard pour arracher son honneur aux mains de ses créanciers. — Je ne sais quel grand capitaine avait donné sa moustache en gage à un créancier. M. de Lamartine, lui, a engagé plus que cela, il a engagé son *nom*, il ne faut pas que l'auteur des *Méditations* descende insolvable dans la tombe.

Il a fait plus encore ! il a voulu vendre ce Milly, où était éclos son génie, ses *Charmettes* à lui, et pas un acquéreur ne s'est présenté. Aujourd'hui, c'est son dernier asile de

Saint-Point qui est menacé ; l'expropriation est là, imminente. Comment la conjurer ?

Étrange pays que le nôtre ! Ah ! si M. de Lamartine était Polonais, ou Hellène, ou nègre, ou puisatier, nos sympathies ne lui manqueraient pas ! Mais que n'est-il Anglais, plutôt ! Il y a longtemps que sa dette serait payée. Ce n'est pas l'Angleterre qui laisserait protester ainsi la traite tirée sur elle par un de ses grands hommes ! Elle n'attendrait même pas sa demande ; elle courrait au-devant de lui. Rappelez-vous la souscription O'Connell.

Aujourd'hui une nouvelle tentative vient d'être faite, et celle-là, je le crois, est en train de réussir complètement et d'une manière inattendue, pourquoi ne pas l'avouer ? La mesure qui n'avait pu sauver M. de Châteaubriand sauvera M. de Lamartine. La loterie Saint-Point obtient un succès inespéré.

Ce long martyre du vieux poète aura bientôt une fin, il verra tomber ces chaînes de l'esclavage moral — la dette ! — plus lourdes cent fois que celles de l'esclavage matériel. Il pourra finir ses jours dans cette chère maison d'où sont sortis tant de chefs-d'œuvre, dans le calme et la tranquillité, dans toute la fierté de son génie : *Otium cum dignitate !*

Paris, 22 septembre 1862.

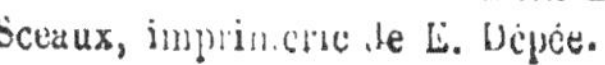

Sceaux, imprimerie de E. Dépée.

9 782012 959217